S0-BXW-625

Matemáticas del zoológico

Pares en el zoológico

Patricia Whitehouse

Traducción de Beatriz Puello

Heinemann Library
Chicago, Illinois

Published by Heinemann Library,
an imprint of Reed Educational & Professional Publishing,
Chicago, Illinois

Customer Service 888-454-2279
Visit our website at www.heinemannlibrary.com

Designed by Sue Emerson/Heinemann Library and Ginkgo Creative, Inc.
Printed and bound in the U.S.A. by Lake Book

06 05 04 03 02
10 9 8 7 6 5 4 3 2 1

Library of Congress Cataloging-in-Publication Data
Whitehouse, Patricia, 1958-
[Zoo pairs. Spanish]
Pares en el zoológico / Patricia Whitehouse
p. cm. — (Matemáticas del zoológico)
Includes index.
Summary: Introduces the mathematical concept of pairs by showing what comes in twos at the zoo.
ISBN: 1-58810-803-1 (HC), 1-58810-862-7 (Pbk.)
1. Two (The number)—Juvenile literature. 2. Number concept—Juvenile literature. 3. Counting—Juvenile literature. 4. Zoo animals—Juvenile literature. [1. Two (The number) 2. Number concept. 3. Counting. 4. Zoo animals. 5. Spanish language materials.] I. Title.
QA141.3 .W4418 2002
513.2'11—dc21

2001051511

Acknowledgments
The author and publishers are grateful to the following for permission to reproduce copyright material:
p. 4 Jack Ballard/Visuals Unlimited; pp. 5T, 10, 15 Frans Lanting/Minden Pictures; pp. 5C, 13 Byron Jorjorian; pp. 5B, 6, 17 Dwight Kuhn; p. 7 Tom Stack/Tom Stack & Associates; p. 8 Jim Brandenburg/Minden Pictures; p. 9 Michael P. Turco; p. 10 Stock Photography; p. 12 Barrett & MacKay Photo; p. 14 Gerry Ellis/Minden Pictures; p. 16 Joe McDonald/Tom Stack & Associates; pp. 18, 22 Tui De Roy/Minden Pictures; p. 19 Kennan Ward/Corbis; p. 20 Howie Garber/Wanderlust Images; p. 21 William Dow/Corbis.

Cover photograph by Barrett & MacKay Photo

Every effort has been made to contact copyright holders of any material reproduced in this book. Any omissions will be rectified in subsequent printings if notice is given to the publisher.

Special thanks to our bilingual advisory panel for their help in the preparation of this book:

Aurora García
Literacy Specialist
Northside Independent School District
San Antonio, TX

Argentina Palacios
Docent
Bronx Zoo
New York, NY

Ursula Sexton
Researcher, WestEd
San Ramon, CA

Laura Tapia
Reading Specialist
Emiliano Zapata Academy
Chicago, IL

We would like to thank the Brookfield Zoo for reviewing this book for accuracy.

Unas palabras están en negrita, **así**.
Las encontrarás en el glosario en fotos de la página 23.

Contenido

¿Qué es un par?

Dos cosas semejantes forman un par.

Tenemos un par de ojos y un par de pies.

Los animales tienen pares de ojos y pares de patas.

¿Qué otros pares hay en el zoológico?

¿Quién tiene un par de ojos?

El tigre tiene un par de ojos.

Son dorados y negros.

La serpiente tiene un par de ojos.

También son dorados y negros.

¿Quién tiene un par de orejas?

El elefante tiene un par de orejas.

Son grandes y flexibles.

El **camello** tiene un par de orejas.

Son cortas y peludas.

¿Quién tiene un par de cuernos?

El **carnero americano** tiene un par de cuernos.

Son grandes y enroscados.

La jirafa tiene un par de cuernos.

Son cortos y gruesos.

¿Quién tiene un par de astas?

El **alce** tiene un par de **astas.**

Son anchas y planas.

El **reno** tiene un par de astas.

Son largas y puntiagudas.

¿Quién tiene un par de patas?

El **flamenco** tiene un par de patas.

Son largas y delgadas.

El pingüino tiene un par de patas.

Son cortas y gruesas.

¿Quién tiene un par de alas?

El **murciélago** tiene un par de alas.

Están cubiertas de una piel delgada.

El **cisne** tiene un par de alas.

Están cubiertas de plumas.

¿Quién tiene dos pares de aletas?

La **tortuga marina** tiene dos pares de **aletas**.

Tiene un par de aletas delanteras y un par de aletas traseras.

La **foca** tiene dos pares de aletas.

Aquí vemos las aletas delanteras de esta foca.

¿Quién tiene dos pares de garras?

Los osos tienen dos pares de garras.

Aquí vemos las garras traseras de un **oso polar**.

Los leones tienen dos pares de garras.

Aquí vemos las garras delanteras de un leoncito.

Prueba

¿Qué par de patas van aquí?

Busca la respuesta en la página 24.

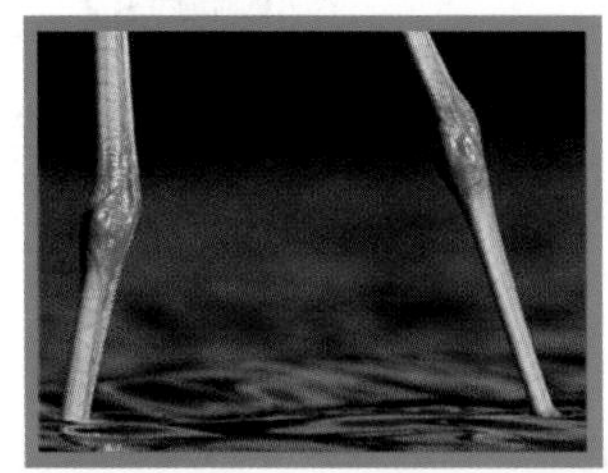

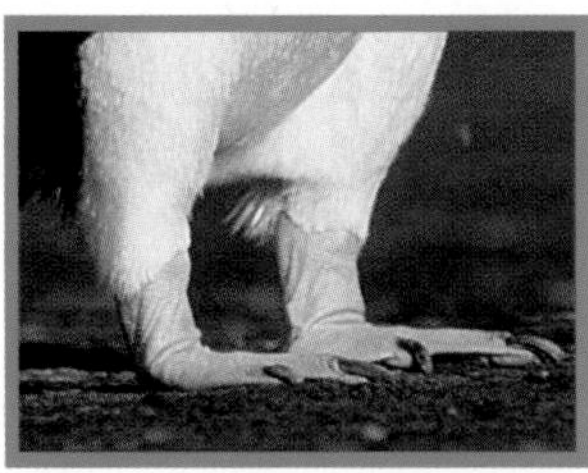

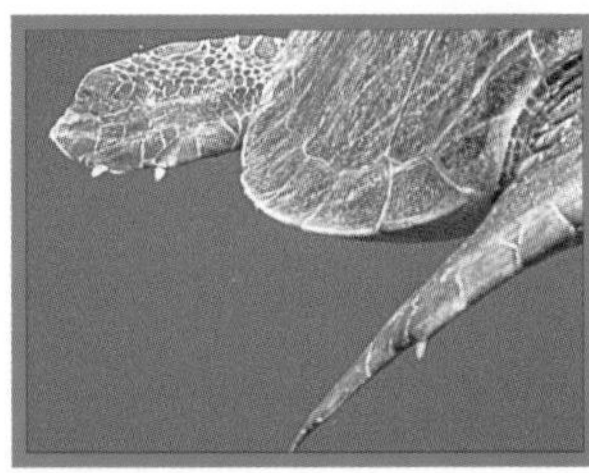

Glosario en fotos

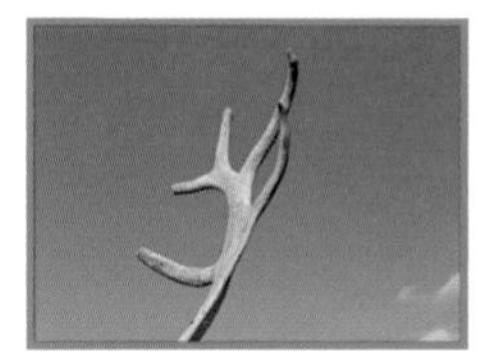

astas
páginas 12–13

flamenco
página 14

reno
página 13

murciélago
página 16

aletas
páginas 18–19

foca
página 19

carnero americano
página 10

alce
página 12

tortuga marina
página 18

camello
página 9

oso polar
página 20

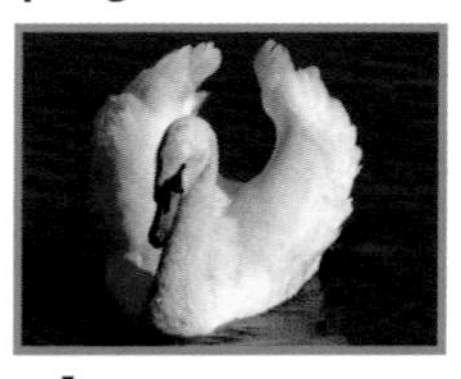

cisne
página 17

Nota a padres y maestros

Este libro familiariza a los niños con conjuntos pequeños de objetos similares y con el hecho de que un par (un conjunto de dos) siempre es igual, a pesar de diferencias de lugar y tamaño. Para que los niños practiquen este concepto, coloque en una mesa pares separados, como zapatos, calcetines, mitones, aretes y demás, y pídales que los unan.

A la vez que refuerza un concepto matemático, este libro apoya al lector principiante. La repetición de la estructura *(El ______ tiene un par de ______)* permite predecir lo que sigue. El cambio de dos palabras en las páginas 18 a 21 *(El ______ tiene dos pares de ______)* ofrece a los lectores con más experiencia el reto de un cambio sencillo en el patrón del texto.

Índice

Respuesta de la página 22

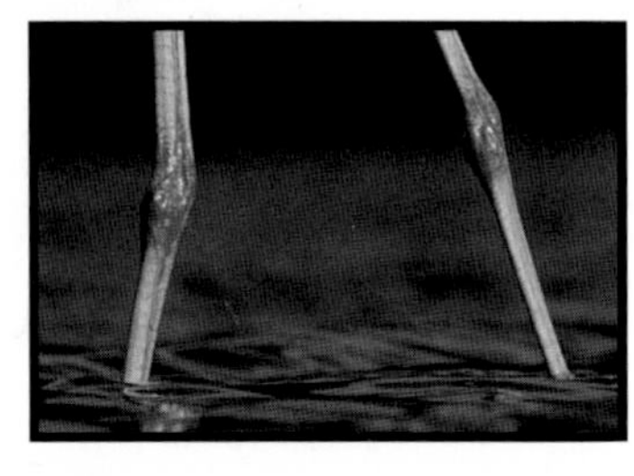